मेरी चाहत से बेखबर मेरा हमसफर

Orange Books Publication

1st Floor, Rajhans Arcade, Mall Road, Kohka, Bhilai, Chhattisgarh 490020

Website: **www.orangebooks.in**

© Copyright, 2025, Author

All rights reserved. No part of this book may be reproduced, stored in a retrieval system, or transmitted in any form by any means, electronic, mechanical, magnetic, optical, chemical, manual, photocopying, recording or otherwise, without the prior written consent of its writer.

First Edition, 2025

ISBN: 978-93-6554-518-0

मेरी चाहत से बेख़बर मेरा हमसफ़र

प्रवीण साहू

Orange Books Publication
www.orangebooks.in

समर्पित

मेरी पूजनीय माता चन्द्रकान्ता साहू जो सदा ही मेरी प्रेरणा स्रोत रही हैं, उनके दिव्य चरण कमलों में समर्पित।

नवम्बर २०२३ में उनकी महान आत्मा ने भौतिक शरीर त्याग कर परमपिता परमेश्वर के परमधाम में अपना स्थान ग्रहण किया।

अनुक्रमणिका

१ श्रद्धा के सुमन 1

२ बचपन की किताब 3

३ इंतज़ार 5

४ वंदन 7

५ मात 9

६ हाल उनका पूछेंगे 11

७ निशाना 13

८ अच्छा नहीं लगता 15

९ दिल के पन्ने 17

१० यक़ीन हो चला है 19

११ बस यूं ही 21

१२ तेरी आदत सी है 23

१३ अच्छा होता 25

१४ दरिया बहता जाता है 27

१५ तेरी बातें 29

१६ प्रेम गीत 31

१७ मेरी हार का सिलसिला 33

१८ गुस्ताख़ 35

१९ तेरे नाम मेरा हर कलाम 37

२० दुनिया दिल वालों की 39

२१	जिंदगी जीना उसे आया नहीं	41
२२	चले जाते हैं लोग जाने वाले	43
२३	गीत मिलन के	45
२४	थामना हाथ मेरा	47
२५	मेरा जीना हो जाये आसान	49
२६	शाम होते होते	53
२७	कुछ तो बात है	55
२८	मुझे राम का होने दो	57
२९	नई शुरुवात	59
३०	कदमों के निशान	61
३१	मैं नशे में हूँ	63
३२	मेरी चाहत से बेखबर मेरा हमसफ़र	65
३३	गुजरे वक़्त वापस नहीं आते हैं	67
३४	आज बारिश का मौसम आया	69
३५	बीत गया यह भी साल देखो	71
३६	आज कोई क़हर चाहता हूँ	73
३७	दिल लगाने चला हूँ	75
३८	सब चल जायेगा	77
३९	ख्वाब संजोए नहीं हैं	79
४०	गांव अब शहर बन रहे हैं	81
४१	ख्वाब	83
४२	मेरी तिशनगी का अंजाम	86
४३	मैं सिर्फ तुम्हारा हूँ	88
४४	जिंदगी गुज़र न जाए	90

४५ कश्ती 93

४६ चेहरा तेरा 95

४७ किस्सा मेरी बरबादी का 97

४८ इश्क़ 99

४९ बंद अपनी जुबान रखीं 101

५० साहिल की रेत 103

मेरी चाहत से बेख़बर मेरा हमसफर

१ श्रद्धा के सुमन

अगनित वेदना सह
तुम हो प्रतीक जन्म का
तेरी प्रज्जवलित आभा से
कोटि सूर्य लजाते हैं

चन्द्रमा की शीतलता से शीतल
है ममता तेरे आँचल की
माँ से बड़ा ना कोई ईश धरा पर
राम कृष्ण भी जन्म माँ से पाते हैं

अपने सपने बेचकर
मेरी जरूरतें खरीदी तुमने
माँ तेरा वंदन करते हैं सारे
देवता भी शीश झुकाते हैं

श्रद्धा के सुमन

व्यथा की धारा फूटी है
अश्रु नयन से आते हैं
धूमिल स्मृतियाँ जब होती सजग
आँसू अनायास ही छलक जाते हैं

रिक्त है अब ये हृदय
तेरी ममता और आँचल की छाया से
लेकिन तेरी स्मृतिओं के स्पंदन से
पलभर में अगनित घाव भर जाते हैं

तुमको अर्पित यह तन और मन
बन जाए मेरी श्रद्धा के सुमन
प्रारंभ और अंत नमन से
मेरी कलम गीत तुम्हारा गाते हैं

२ बचपन की किताब

वो बेफिक्री की जिंदगी
खो गयी किस हिजाब में
बह गया है बचपन
गुजरती उम्र के सैलाब में

खो गयी है जिंदगी
फ़िज़ूल के हिसाब में
बचपन ढूंढ रहा हूँ
बचपन की किताब में

आती नहीं सुकून की नींद
और परियां ख्वाब में
जगा दिया कहकर
की है दाग माहताब में

बचपन की किताब

बड़े रसूख़ से बीता बचपन
जिंदगी गुज़ारी रुआब में
हो गए जवां आया शबाब
कदम पड़े नक़्शे खराब में

होता नहीं यकीन की
वो आया किस फिराक़ में
दुश्मन भी मिलते हैं
बनकर दोस्त नक़ाब में

जल रहे हैं चिराग हज़ारों
उसकी आंखों की आब में
हैं शिकवे और सवाल हज़ारों
उसके हर जवाब में

खो गयी है जिंदगी
फिज़ूल के हिसाब में
बचपन ढूंढ रहा हूँ
बचपन की किताब में

मेरी चाहत से बेख़बर मेरा हमसफर

३ इंतज़ार

मैं सर्द रातों का मुसाफ़िर
सिसकियाँ आती रही रातों में
बदल रहा था मौसम फ़िज़ा का
गुज़ारी रात जागती आँखों में

झलक रही थी अजीब सी तन्हाई
उसकी अनकही अनसुनी बातों में
हवा के साथ आयी यकायक
वो तेरी तस्वीर मेरी आँखों में

वो आसमाँ से उतर आएंगे
पलकों से अंदर ख्वाबों में
चुन चुन तराशता रहा
ख़ूबसूरत सा ख्वाब आँखों में

बिखरते रहे महल क़ामयाबी के
और रेत के घर बरसातों में
सहरा सी बंज़र हर एक नज़र
लेकिन आज मिलेंगे अश्क़ आँखों में

शायद उन्हें ऐतबार ना था कभी हमपर
अज़नबी ही रहे वो इतनी मुलाकातों में
ना शाम गुज़री ना होश आया है
रहा बस एक तेरा इंतज़ार आँखों में

मेरी चाहत से बेख़बर मेरा हमसफर

४ वंदन

तुम प्रथम गुरु हो जीवन के
कैसे तुम्हारा मैं आभार करुँ

हे मात पिता तुम्हारे
चरणों का वंदन हर बार करुँ

बड़ो को आदर छोटों को प्रेम
सबसे उचित व्यवहार करुँ

अर्पण तुमको साँसों की माला
या फूलों का हार करुँ

कई सपने तुम्हारे रहे अधूरे
कैसे उनको मैं साकार करुँ

बना सक्षम स्वप्न वो सारे
सोचा है आज कुछ उपहार करुँ

मैं अश्रु सिंचित फुलवारी का हिस्सा
नीड़ -नीड़ पत्तों -पत्तों से प्यार करूँ

कर जीवन का हर पल समर्पित
आज तुम्हारा मैं श्रृंगार करूँ

एक तरफ माँ के आँचल की छाया
एक तरफ सारा संसार करूँ

एक तरफ पितृ स्नेह आशीष
एक तरफ भाग्य दातार करूँ

चाहे अगम अथक प्रयासों के पथ हो
चुनौती अब हर स्वीकार करूँ

दे सम्बल अपने कर्मठ मन को
आज नया कुछ आकार करूँ

हे मात पिता तुम्हारे
चरणों का वंदन हर बार करूँ

८ मात

वो हसीन कातिल हैं मेरे ख्वाबों के
होठों पे उसके दिल की चाह निकल गयी

खूनी खंज़र लिए अपने हाथों में
मुस्कुराकर वो अपनी राह निकल गयी

ये दर्द का मंज़र ये नफ़रतों की आंधी
संभलते संभलते हर रात निकल गयी

झूठा ही बना रहा उसके तस्सव्वुर में मैं
फिसलकर मेरे हाथों से मेरी बात निकल गयी

वक़्त के खेल में न तुम जीते ना मैं हारा
देखते देखते खुशियों की सौग़ात निकल गयी

उम्र से लम्बी राहों का मैं रहा मुसाफ़िर
क़यामत के इंतज़ार में कायनात निकल गयी

हाल ए दिल की हालत किस को सुनाये
दर्द देख फ़रिश्तों की आह निकल गयी

यहाँ हर कोई जख़्मी यहाँ हर कोई नादान
नज़रें मिलाकर भी वो बेपरवाह निकल गयी

फिर आया एक सुबह मुसद्दद का दिन
देखते देखते वो आखरी मुलाकात निकल गयी

वो आये तूफानों की तरह जिंदगी में
और फिर बनकर झंझावात निकल गयी

पहरा था दिल पर इस बार गहरा
फिर भी देकर के घात निकल गयी

आंसू ना बहे, ना बने कोई समंदर
खेल गए बाज़ी, देकर मात निकल गयी

मेरी चाहत से बेख़बर मेरा हमसफर

६ हाल उनका पूछेंगे

एक नादाँ सी उम्मीद लगाए बैठा हूँ
की कभी वो मेरा हाल पूछेंगे
मोहब्बत का कोई रिश्ता नहीं लेकिन
दोस्त बनकर भी कभी हाल पूछेंगे

आसमां के तरफ उठ रहे हैं अश्क़ बेतहाशा
पर कैसे भीगा मेरा ये रुमाल पूछेंगे
तेरी तस्वीर से सर हटा लेता हूँ
तुमको करीब देख लोग सवाल पूछेंगे

चाँद भी बेनूर नज़र आता है आईने में जिसके
परवाने ऐसी खूबसूरती की मिसाल पूछेंगे
बार बार लबो से करके ज़िक्र तेरा
दीवाने तेरे बारे में मेरा ख्याल पूछेंगे

उनके गीतों में खुशबू फूलों की
सुरों की सरगम मुखड़ों की ताल पूछेंगे
उनकी अँगड़ायीओं से बदलते हैं मौसम
कैसे बने मंज़िलों के रास्ते बेमिसाल पूछेंगे

मेरे शहर में लौट आने के चर्चे हज़ार
क्यों मच रहा ये बवाल पूछेंगे
मिल जायें फिर अगर वो अजनबी की तरह
सोचा नहीं की कुछ फिलहाल पूछेंगे

दस्तक देकर के ठहरती नहीं खुशियाँ
कैसे बदली मेरी किस्मत की चाल पूछेंगे
तन्हाई ही रही मेरे कमरे में हरदम
पर कैसे गुजरा उनका ये साल पूछेंगे

मेरी चाहत से बेख़बर मेरा हमसफर

७ निशाना

तेरा शहर अब बेगाना रह गया
जो था अफसाना वो अफसाना रह गया
तुम मिले तो जिंदगी खूबसूरत हुई
तेरा मिलना जीने का बहाना रह गया

तुम देख ना पाओगे उसके उदास दिल को
जाते जाते किसी का नज़राना रह गया
गमो को छुपा चेहरे के पीछे
उसके होठो का काम मुस्कुराना रह गया

हवाओ में शामिल तेरी खुशबु हरकही
आँखों का काम दिलो को महकाना रह गया
दिल के हर पन्नो में लिखी तेरी कहानी
एक खुली किताब वो परवाना रह गया

निशाना

हुई बारिश फिर आज भीगा है मन
मेरी रूह का नूरियत में नहाना रह गया
बीतते रहते हैं मौसम सारे बार बार
तेरी यादों का वो बीता जमाना रह गया

खूब सजाया था उसने दीवार-ऐ-घर को
इन खुली आंखों का ख़्वाब सजाना रह गया
ना थी दौलत ना थी कोई शोहरत उसके नाम
एक जायदाद वो टूटा आशियाना रह गया

जी रहें हैं तेरी यादों का सफर हर पल
होठों पे तेरे नाम का तराना रह गया
उसकी चालों का नहीं कोई जवाब
मेरा दिल बस एक निशाना रह गया

८ अच्छा नहीं लगता

कोई बिन बताये तेरा हो गया है
हर बात बताना अच्छा नहीं लगता
है मोहब्बत तुमसे बेहद लेकिन
हर बार प्यार जताना अच्छा नहीं लगता

मुझसे वादा करके मिलने का
तेरा यूँ भूल जाना अच्छा नहीं लगता
कभी कभी बेवजह मुस्कुरा लेता हूँ
हर बार वजह बताना अच्छा नहीं लगता

जिंदगी तेरी शर्तो पे जीने को तैयार था
पर यूं तेरा आँखें चुराना अच्छा नहीं लगता
हार गई हैं मेरी हर कोशिश तेरे आगे
छुपकर तेरा मुस्कुराना अच्छा नहीं लगता

अच्छा नहीं लगता

मिटा दिया है रिश्ता तेरे शहर से भी
अब वहाँ जाना अच्छा नहीं लगता
आँखे बिछाये रहते थे इंतज़ार में जिनके
अब बेमौसम उनका आना अच्छा नहीं लगता

सोचता हूँ की अब अलविदा कह दूँ उसको
टूटा हुआ रिश्ता निभाना अच्छा नहीं लगता
नागवार थी बहुत सी गलतिया उसकी
पर आईना दिखाना अच्छा नहीं लगता

मेरी चाहत से बेख़बर मेरा हमसफर

९ दिल के पन्ने

सुबह सुबह दिल की अर्ज़ी मिली
अर्ज़ी में तेरा नाम मिला
शिकायते बहुत खुद से थी
कुछ में तेरा नाम मिला

    कुछ पन्ने थे इधर उधर
    उन बिखरे पन्नो में तेरा प्यार मिला
    कुछ पन्नो में कुछ ना था लिखा
    शायद उनको तेरा इंतज़ार मिला

सुनहरी यादें थीं   कुछ पन्नो पर
जैसे सदियों में उनका दीदार मिला
किस्से जीत के कुछ पन्नो पर
कुछ पन्नो को मुक़म्मल हार मिला

सहरा सी हो गयी मजरूह जिंदगी
अब खोया मुन्तज़िर अरमान मिला
कुछ पन्नों पर छायी थी खुलूस मायूसी
कुछ पन्नो के चेहरों पर मुस्कान मिला

बड़ी फ़ुर्सत से गुज़र रही थी जिंदगी
दिल को ये बेवजह का काम मिला
कुछ सुर्ख कुछ गुलाबी मुस्काते पन्ने
कुछ पन्नों को खूबसूरत सा मुकाम मिला

लिख दिया हैं दिल का हर राज़ इसमें
मेरी चाहत को एक नया पहचान मिला
कुछ पन्नों को हमराही हमराज़ मिले
कुछ पन्नों को उम्र भर का मेहमान मिला

१० यक़ीन हो चला है

उसकी नज़रे तलाशती मेरे निशाँ
मुझे मोहब्बत का यक़ीन हो चला है

वो मेरी जागती आँखों का ख्वाब
मुझे दुवाओं पे यक़ीन हो चला है

वो महक मेरे धड़कनो की
मुझे जिंदगी पे यक़ीन हो चला है

चाँद भी एकटक बस उसे देखता है
मुझे खूबसूरती का यक़ीन हो चला है

उसकी आँखे साकी की जाम सी
मुझे मदहोशी का यक़ीन हो चला है

यक़ीन हो चला है

वो जरिया इस जहाँ में रौशनी का
मुझे रहनुमाई का यक़ीन हो चला है

वो आये हैं किस्मत में किस्मत से
मुझे नसीबों पे यक़ीन हो चला है

सदियों की दास्ताँ सुन रहा है दिल
मुझे उसकी बातों का यक़ीन हो चला है

वक़्त और हालात भी कायल उनके
मुझे मेरे खुशियों का यक़ीन हो चला है

सटीक उसके हर तीर का निशाना
मुझे मेरी हार का यक़ीन हो चला है

मेरी चाहत से बेखबर मेरा हमसफर

११ बस यूं ही

कोई राह नहीं कोई रहबर नहीं
बस यूं ही चलता चला जा रहा हूँ

हूँ नाज़ुक सा फूल गुलाब का
बस यूं ही कांटो में खिला जा रहा हूँ

बंद करके आंखें बैठ जाता हूँ
बस यूं ही अँधेरा किया जा रहा हूँ

बनकर दरिया इस बरखा में
बस यूं ही समंदर में मिला जा रहा हूँ

नहीं जानता हूँ फरेब दुनिया के
बस यूं ही दुनिया से छला जा रहा हूँ

दुश्वार सी चाहतों की आग का कारवां
बस यूं ही इस आग में जला जा रहा हूँ

सरपट भाग रहें हैं मज़िलों के रास्ते
बस यूं ही मंज़िलों का पीछा किया जा रहा हूँ

ग़मो के जाम अब छलकने लगे हैं
बस यूं ही साकी का जाम पिया जा रहा हूँ

है प्यास इन आँखों में दीदार की
बस यूं ही आँसू आंखों में लिया जा रहा हूँ

वो करेंगे ख्वाइश किसी दिन मुलाकात की
बस यूं ही तेरा नाम लेकर जिया जा रहा हूँ

१२ तेरी आदत सी है

वो रहनुमाँ बनकर आये हैं जिंदगी में
ख़ुदा सा सज़दा इबादत सी है
हमसाया बनकर चलना हमसफ़र मेरे
जिंदगी को अब तेरी आदत सी है

सज रहीं हैं हाथों की बेनाम लकीरें भी
जैसा तुम सजाते वैसी बनावट सी है
बदल रहे हैं किस्मत के सितारे सारे
बिलकुल तुम्हारे हाथों की लिखावट सी है

दिल के दरवाज़े पे लगा हुई दस्तक
नज़रों के पास कोई सरसराहट सी है
देखो दबे पाँव आ रहीं है खुशियाँ
बिलकुल तुम्हारे आने की आहट सी है

तेरी आदत सी है

दिल का कोना कोना हुआ जगमग
जैसे चाँद तारों की सजावट सी है
दुनिया में रंग खुशियों के जितने
सब तुम्हारे होठों की मुस्कराहट सी है

गुलशन की क़शिश बन जाती है खुशबु
गुलों को तुम्हारी चाहत सी है
बिन तेरे तन्हा ही गुजरा हर लम्हा मेरा
तुम मिले तो सांसो को राहत सी है

मेरी चाहत से बेख़बर मेरा हमसफर

१३ अच्छा होता

बरसों बीत गए इंतज़ार में उनके
उसने दिल तोड़ दिया होता तो अच्छा होता

अपने मुक़द्दर को मुक़्क़दस मान लिया
लकीरों को मोड़ दिया होता तो अच्छा होता

खामोशियाँ बहुत हैं दरमियाँ अब
उसने कुछ बोल दिया होता तो अच्छा होता

हमने चेहरे पे नक़ाब देखे हैं कई
उसने चिलमन खोल दिया होता तो अच्छा होता

रही जिंदगी की डोर हाथों में उनके
मिलन की सौग़ात हुआ होता तो अच्छा होता

अच्छा होता

बदलता रहा उसके दिल का मौसम
बेमौसम ही बरसात हुआ होता तो अच्छा होता

तड़प इस कदर है उनसे मिलने की
ना उनसे मुलाकात हुआ होता तो अच्छा होता

पनप रही थी चाहत धीरे धीरे उनकी
इश्क़ रातों रात हुआ होता तो अच्छा होता

मेरी चाहत से बेखबर मेरा हमसफर

१४ दरिया बहता जाता है

खाली पाँव समंदर की रेत में
जब कभी मैं चलने लगता हूँ
सिर्फ मेरे ही पांवों के निशान देख
अकेलापन एहसास कर जाता है

सूनी आंखों से रातभर एकटक
किसी कोने में तारों को निहारना
और चाँद को देख आंहें भरना
एक खालीपन घर कर जाता है

बिस्तर में सिमटी मिट्टी की काया
रूह की तलाश में करवट बदलती
ना खोने को राम ना पाने को माया
लम्हा दर लम्हा गुजरता जाता है

दरिया बहता जाता है

वो रहता पसंदीदा हर किसी का
जब तक फूलों की खुशबू रहती है
बिछड़कर बागों से दुनिया की भीड़ में
आंखों से ख़्वाब फिसलता जाता है

जब तक वक़्त है मेहरबान
सुन लो कर लो बातें दिलों की
होने लगेंगी शिकवे शिकायतें भी
दिलों में फ़ासला बढ़ता जाता है

सफर का लुत्फ़ लो दोस्तों
थोड़ी सी छाँव थोड़ी सी धूप है
समंदर को पाने की चाहत में
दरिया तो निरंतर बहता जाता है

१८ तेरी बातें

भली हो या बुरी हो मेरी बातें
मेरी बातों की हर बात में तेरी बातें

माहताब आज कह रहा था आफ़ताब से
सबेरा होने पर होंगी सिर्फ तेरी बातें

दिन गुज़र रहा है तेरी अक़ीदत में
दोस्तों रक़ीबो में भी होंगी तेरी बातें

लिपटा रहा भूली यादों की बेहोशी में
होश में आऊंगा तो होंगी तेरी बातें

छूट गए है दोस्त भी अब इस कारवां के
मिल जायेंगे राह में तो होंगी तेरी बातें

तेरी बातें

महफ़िल में अब कोई बात बाकी नहीं
खामोश रहूँगा मैं तो होंगी तेरी बातें

रंग बदल गए है ज़िक्र ए अफ़सानो के
मेरे अफ़सानो के रंगो में होंगी तेरी बातें

दिल सो रहा है कई रातों से बेख़बर
दिल के तार बजे तो होंगी तेरी बातें

मत पी ज़ाम अब बात मान ले साकी की
भूल जाऊंगा अपना पता तो होंगी तेरी बातें

दिन और रात गुजरेंगे मसर्रत से
जब भी मेरे जहन में होंगी तेरी बातें

मेरी चाहत से बेखबर मेरा हमसफर

१६ प्रेम गीत

मैं व्योम की असीम ऊंचाइयों से
प्रेम गीत गाना चाहता हूँ
वो प्रेम गीत जिसकी गुंजन
तुम्हारे कानों को प्रिय हो जाए

मैं सागर की गहराइयों में
सीप बनकर खो जाना चाहता हूँ
वो सीप बनकर के मोती
तुम्हारे सुंदरता को नित्य कर जाए

मैं अंतरिक्ष की शून्यता से
आत्म विलय करना चाहता हूँ
हर कठनाई में आकाश की भांति
तुम्हारे सम्बल की चादर बन जाए

मैं सूर्य के ऊर्जा का वाहक
रश्मिरथी बन जाना चाहता हूँ
जो घनघोर अँधेरी रातो में
तुम्हारी राहों को प्रकाशित कर जाए

मैं चन्द्रमाँ की शीतलता में
अपना सर्वस्व मिटाना चाहता हूँ
जीवन की अनंत राहों में ओंस की भांति
तुम्हारे संतापों को कम कर जाए

मैं निराकार इस मिट्टी में मिलकर
फिर से साकार हो जाना चाहता हूँ
जो हर विजय और सफलता में
तुम्हारे मील का पत्थर बन जाए

प्रेमाकुल अश्रुओं में भीगे बाती से
मैं प्रेम दीप जलाना चाहता हूँ
दीप बनकर ज्योति सदियों तक
तुम्हारे हृदय का श्रृंगार बन जाए

१७ मेरी हार का सिलसिला

कभी हमसाया तो कभी रक़ीब हो गए
मैं भीड़ में हरदम तन्हा ही चलता रहा

तेरे तस्सवुर में मिलने को हक़ीक़त माना
एक जुनून एक आग दिल में जलता रहा

मुझको वो ख़ूबसूरत ख़्वाब दिखाते रहे
काफ़िला ख्वाबों से प्यार का चलता रहा

नासमझ नादान ये कदम कभी हारते नहीं
ठोकर मिली गिरता रहा फिर भी चलता रहा

ख्वाइशों के समंदर का नहीं कोई किनारा
फिर भी तेरी चाहत में दिल मचलता रहा

तेरी आँखों की गहराई सागर से कम न थी
हम डूबे पर इश्क़ ये पलकों में पलता रहा

उनसे मिलने का मौसम अब आता नहीं
हर दिन मौसम का ये अंदाज़ खलता रहा

धीरे धीरे यूं ही ग़म निकलता रहा
रात ढलती रही चाँद रूप बदलता रहा

तेरी राहों में किया है आफ़ताब सा उजाला
मैं रातों में जुगनुओं की तरह जलता रहा

मैं हार जाऊँ तो तुम जीत जाओगे
मेरी हार का सिलसिला यूं ही चलता रहा

मेरी चाहत से बेख़बर मेरा हमसफर

१८ गुस्ताख़

जल रहा हूँ दिए सा दिन रात
अब कुछ नहीं बाकी मैं राख़ हो गया हूँ

फ़ासले इतने की मिलना मुमकिन नहीं
आया सावन देर से मैं बैसाख़ हो गया हूँ

बहती जा रहीं हैं खुशियाँ जिंदगी की
सुनहरे मुस्तक़बिल में सुराख़ हो गया हूँ

तेरी शर्तों पे जीता रहा हरदम
बदलते बदलते अब मैं ख़ाक हो गया हूँ

जैसे जिस्म से उतार फेंकता है कोई
कोने में टंगी उम्दा सी पोशाख़ हो गया हूँ

गुस्ताख़

कट गयी है पतंग की डोर हवाओं में
उड़ता हूँ, गिरता हूँ, बेबाक हो गया हूँ

तेरा मुझसे मिलना बस एक जुनून था
हक़ीक़त-ए-जिंदगी मैं इत्तेफ़ाक़ हो गया हूँ

था सवाल उनका इन आंखों के लिए
बंद कर ली है आंखें मैं गुस्ताख़ हो गया हूँ

मेरी चाहत से बेख़बर मेरा हमसफर

१९ तेरे नाम मेरा हर कलाम

ऐ बेफुर्सत की जिंदगी रुक जरा
थोड़ा आराम करता हूँ
खुली आंखों से देखता हूँ सपने
बंद आंखों से काम करता हूँ

बड़ी फरेबी है ये दुनिया
हर एक साज़िश नाक़ाम करता हूँ
थोड़ा ठहर ए मेरी जिंदगी
मेरा दिल तेरे नाम करता हूँ

उसके आने से आती है खुशियाँ
नाम उसके सारे मुक़ाम करता हूँ
वो मेरी चाहत वो ही मेरा रहनुमाँ
तेरा शुक्रिया, तेरा एहतराम करता हूँ

तेरे नाम मेरा हर कलाम

झील सी आँखों में समंदर की गहराइयाँ
बहक जाने का सारा इंतज़ाम करता हूँ
होठों को बंद कर आँखों से बात करते हो
तुम्हारी इन आँखों को सलाम करता हूँ

क़ाश देख पातीं नज़रें तुम्हे सुकून तक
तुमसे मिलने की दुआएँ सुबह शाम करता हूँ
चाँद जागे रातभर और सूरज जब खो जाए
तुम्हें मेरे दिल का पैग़ाम करता हूँ

उसके दिल में दफ़न है राज़ कई
कोशिश इन्हे पाने की तमाम करता हूँ
वो बंद है इश्क़ के किताबों में कहीं
तेरे नाम मेरा हर कलाम करता हूँ

मेरी चाहत से बेख़बर मेरा हमसफर

२० दुनिया दिल वालों की

कुछ फ़ासले कुछ नज़दीकियाँ यूं बनी रहे
ना तुम याद आओ ना हम भुला पाएं

चलो साहिल की रेत पर एक घर बनायें
कभी तुम तोड़ देना कभी हम तोड़ जाएं

लेकर चले हैं उम्रभर की रूसवाइयाँ
ना तुम आँसू बहाओ ना हम आँसू बहाएं

देखते हैं ख्वाब और देते हैं दुआएँ
ना तुम याद करो ना हम याद आएं

मौसम बेईमान मिज़ाज़ रंगीन हो चला है
तुम महफ़िल सजाओ हम तन्हा हो जाएं

दुनिया दिल वालों की

दिल को बहलाने कौन सा बहाना बताएं
तुम अजनबी और हम रकीब बन जाएं

ना हो बातें मगर बना रहे दिल का रिश्ता
ना तुम कोशिश करो ना हम मिल पाएं

दुनिया दिल वालों की यूँ ही चलती रहे
ना तुम पास आओ ना हम दूर जाएँ

मेरी चाहत से बेख़बर मेरा हमसफर

२१ जिंदगी जीना उसे आया नहीं

दुनिया झूठवालों की चलती रही
फरेब करना उसे आया नहीं

भली सीरत का था ग़मसाज हो गया है
मोहब्बत करना उसे आया नहीं

वो हँसता रहा तुम्हें जाते देख जीभर
फिर कभी वो मुस्कराया नहीं

अकेला चला था राहे-ए-मंज़िल की ओर
रास्तों ने कभी मंज़िल तक पहुंचाया नहीं

मुसाफ़िर बहुत से थे उसके कारवां में
अकेला चला किसी ने गले लगाया नहीं

जिंदगी जीना उसे आया नहीं

डोर जिंदगी के उलझते रहे, बनते रहे
उसने जिंदगी को कभी सुलझाया नहीं

आये हैं आज आँसू उसकी राहों में
उसने किसी को आवाज़ देकर बुलाया नहीं

कोशिशें हज़ारों की उसने तमाम
किस्मत ने उसका साथ निभाया नहीं

ग़म-ऐ-जिंदगी का सफर हंसकर बिताया
भूलकर भी किसी को रुलाया नहीं

ना कोई साथी था ना कोई मंज़िल थी
जिंदगी जीना उसे आया नहीं

मेरी चाहत से बेख़बर मेरा हमसफर

२२ चले जाते हैं लोग जाने वाले

बदस्तूर है दस्तूर दुनिया का
होंगे कम दुनिया में साथ निभाने वाले

साथ निभाता नहीं कोई किसी का यहाँ
कई मिल जायेंगे बस्तियाँ जलाने वाले

जल जायेगा वजूद तेरा भी एक दिन
होंगे तेरी मौत पर भी जश्न मनाने वाले

एक दिन मिट जायेंगे वहम तेरे सारे
जन्नत के आसमाँ में चाँद सजाने वाले

ये वक़्त के खेल दे जाती हैं तकलीफें
एक दिन छोड़ जायेंगे सभी चाहने वाले

कहते हैं रात का टूटा सितारा देखने वाले
आएंगे मंज़र आँखों को सुकून दिलाने वाले

चले जाते हैं लोग जाने वाले

हम तुम बन गए हैं नदियों के दो किनारे
कहाँ मिलेंगे हमको फिर से मिलाने वाले

कौन सुनता है यहाँ फ़रियाद किसी की
रूखे गले से तरन्नुम गाने वाले

बस यूं ही हौसला रख के चलते रहो
मिलेंगे सागर में मिलाकर ज़ाम पिलाने वाले

वो खुद का लिखा मिटा ना पाए
जो हैं किस्मत का लिखा बनाने वाले

चलता नहीं है काम नसीबों का यहाँ
साहिल के रेत पर आशियाना बनाने वाले

आता नहीं कोई लौट कर के वापस
जिंदगी से चले जाते हैं लोग जाने वाले

२३ गीत मिलन के

इस अँधेरे पतझड़ मन में
क्यूँ प्रेम का दीप जलाना चाहते हो
सागर के किनारो में सिमटी ख़ामोशी
क्यूँ धरती अम्बर को मिलाना चाहते हो

धरा का श्रृंगार अधूरा बिन प्रेम के लेकिन
क्यूँ सूरज को दिया दिखाना चाहते हो
मैं पथिक निश्छल सरल प्रेम का
क्यूँ कृतिमता का रंग चढ़ाना चाहते हो

इस पथराई धरातुल्य हृदय पर
क्यूँ प्रेम का बीज उगाना चाहते हो
हो जाएं चंद्र सितारे एक दिशा में
क्यूँ पूरब पश्चिम को मिलाना चाहते हो

गीत मिलन के

गोविन्द गोपाल अब आते नहीं धरा पर
क्यूँ नयनो के अश्रु छलकाना चाहते हो
बहुत कठिन है डगर पनघट की मीरा
क्यूँ अग्निपथ पर साथ निभाना चाहते हो

प्राणों से भी प्रिय प्रण है मेरा
क्यूँ अडिग पर्वतों को हिलाना चाहते हो
प्रेम पनपता है बिछोह की ज्वाला में
क्यूँ तुम गीत मिलन के गाना चाहते हो

मेरी चाहत से बेख़बर मेरा हमसफर

२४ थामना हाथ मेरा

ना दिन की ख़बर ना रात का पता होगा
बिन पीये ही जाम तुम बहक जाओगे

यादों की महक जब साँसों में आएगी
गुलिस्तां में तुम सावन के झूले पाओगे

चले कुछ कदम की लड़खड़ाने लगोगे
ये इश्क़ है जनाब तुम कैसे संभल जाओगे

चेहरे से दिख जाएंगी तुम्हारी परेशानियां
ख्वाइशें आँखों में कब तक छुपा पाओगे

ना होगी तुम्हें खुद की ख़बर ऐ जिंदगी
ए नादान नासमझ तुम किसे समझाओगे

साथ चलेगा यादों का काफिला हरदम
चाहकर भी तुम तनहा ना हो पाओगे

वो छुप छूप के करता है सजदा तेरा
देखना तुम एक दिन खुदा बन जाओगे

मत खेलो खेल इश्क़ का जल जाओगे
थामना हाथ मेरा आँधियों में जो चल पाओगे

मेरी चाहत से बेख़बर मेरा हमसफ़र

२८ मेरा जीना हो जाये आसान

मेरी रूह तक जो समाया था
जो मेरा नहीं हो पाया था
महकती है उसकी यादें
जैसे समंदर में आया हो तूफ़ान

भर आया है ग़म का पैमाना
उनसे मिले हो गया है ज़माना
याद आता है रुक रुक कर
वो प्यारा मेरे दिल का मेहमान

यूं अचानक अजनबी की तरह
जब तुम मिले थे पहली बार
किस्मत से तुम भी थे अनजान
किस्मत से मैं भी था अनजान

मेरा जीना हो जाये आसान

अब भी ताज़ा हैं वो यादें
बूंदो की सरगम में भीगी
वो बारिश की पहली रिमझिम
मोड़ पे वो चाय की दूकान

याद है वो गलियां वो मोहल्ला
चमकता तेरा वो चांदी का छल्ला
अब भी रखा है दिल के बस्ते में
तेरी पसंद का तेरा हर सामान

लौट आती थी जाकर फलक तक
इंतज़ार करती मेरी हर नज़र
सर आँखों पर रखकर चलता था
चाहत में लिपटा तेरा हर फरमान

तेरा मिलना दुवाओ के जैसा
खिजाओं की तरह था बिछड़ना
इस दिल को मिला प्यार बेशुमार
दिल पर है तेरा बहुत एहसान

उम्मीदों के सावन को
पतझड़ बनकर जाते देखा है
तेरे सपनों के थे महल सुनहरे
मेरा दो कमरों का मकान

बदलते वक़्त के हालातों में
सब कुछ नया सा हो गया है
बदल गया तुम्हारे घर का पता
बदल गयी है तुम्हारी पहचान

मेरी हसरतों की उम्र छोटी रही
किस्मतों के सितारे हलके रहे
गुजरते रहे साल यूँ ही
गर्दिशों में घिरते रहे अरमान

आते जाते रहे मौसम और महीने
तू मेरा और मैं तेरा निगहबान
जीतता रहा तमगे पर तमगा
हार गया जिंदगी का इम्तिहान

मेरा जीना हो जाये आसान

वो अब भी वैसे ही मासूम
वो अब भी उतने ही नादान
रात नशे की और बात पते की
कहाँ वापस मिलता है खोया जहान

तुम्हारा सब कुछ मेरा था
तेरी परेशानियां, तेरी मनमानियां
तेरे वो ग़म तेरे वो आँसू
तेरी वो ख़ुशियाँ, तेरी वो मुस्कान

जीवन में अधूरा था वो तुम थी
कुछ मेरा ना था वो तुम थी
बीतते रहे वक़्त के खामोश साये
बरसों मैं होता रहा परेशान

भूल जाना नामुमकिन इस कदर
जब तक ये दुनिया ये आसमान
तेरी ही दुवा से भूल जाऊँ तुझको
मेरा जीना हो जाये आसान

२६ शाम होते होते

बहुत खूबसूरत है ख्याल तेरा
भूल जाता हूँ खुद को शाम होते होते

निकलता हूँ तेरी तलाश में ए जिंदगी
लौट आता हूँ खाली हाथ शाम होते होते

आहिस्ता आहिस्ता आफ़ताब से बढ़ी
फिर डूब गयी उम्मीदें शाम होते होते

देखा है बदलता रंग हर किसी का क़रीब से
बदल रही तस्वीर जिंदगी की शाम होते होते

आज कुछ नासाज़ सी है तबीयत दिल की
दोस्तों बैठेंगे फिर किसी दिन शाम होते होते

शाम होते होते

वो चेहरे की कशिश वो आँखों का बहता पानी
हर रोज़ लिखता हूँ तेरी कहानी शाम होते होते

आएगी क़यामत मैं अलविदा कह जाऊंगा
फिर शाम हो जाएगी तन्हा शाम होते होते

वो थामकर हाथ मेरा हमसफ़र बन जाएँ
पा लूँ मैं मंज़िल अपनी शाम होते होते

मेरी चाहत से बेख़बर मेरा हमसफर

२७ कुछ तो बात है

उसकी आँखों में ज़माने भर का जादू
झील सी आँखों में कुछ तो बात है

पढ़ लेती है वो मेरी खामोशियाँ
उसकी नज़रों में कुछ तो बात है

करता हूँ यकीन उसकी झूठी बातों का
उनकी मासूमियत में कुछ तो बात है

मीठी सरगम है या साँसों की ग़ज़ल
उनकी गहरी आहों में कुछ तो बात है

वो खूबसूरत उनकी हर अदाएं कातिल
दिल संभाल रखना उनमे कुछ तो बात है

कुछ तो बात है

महक जाती है फ़िज़ाएं उसके आहट से
उनके कदमों में कुछ तो बात है

छूकर के पत्थर दिल को करती सोना
उनके हाथों में कुछ तो बात है

रास्ते कई हैं मंज़िल तक जाने वाले
मुझे अपनी मंज़िल बना ले तो बात है

२८ मुझे राम का होने दो

बढ़ती आँखों की तपिश कम होने दो
अकेले में मुझे थोड़ी देर रोने दो

मिट नहीं सकते ज़ख्म जिंदगी के
आने दो रोशिनी फिर सुबह होने दो

तक़दीर में मिली नाकामयाबियों को
कोशिशों जूनून के रंगो में धोने दो

ख्वाब हज़ारों आँखों में पलेंगे कब तलक
उठो कुछ ख्वाबों को हक़ीक़त होने दो

थक गया हूँ मज़िलों का सफर करते करते
रुक जाओ जरा मुझे थोड़ी देर सोने दो

मुझे राम का होने दो

कब तक मैं भीड़ की राह आजमाता रहूँ
अब नया खुला रास्ता लम्बी उड़ान होने दो

बहने लगे दरिया इश्क़ का सब तरफ
जिंदगी में नयी फसल चाहत की बोने दो

अब हर अफसाना भी लगने लगा बेगाना
मेरा लिखा मेरा पता मेरी बातें सब गुम होने दो

नशीली रात और चाँद की मदहोशी में
कुछ पलों के लिए मुझे खोने दो

मिल गया है मुझे मेरे जीने का सबब
राम मेरा और मुझे राम का होने दो

२९ नई शुरुवात

हम चले थे तलाश में जिनकी
उनसे मुलाकात होने वाली है
छलक रहा है आँखों का पैमाना
आज बरसात होने वाली है

तुम लौट जाओ अपने घर को
अब रात होने वाली है
महफ़िल में जम चुका है रंग
तुम्हारी बात होने वाली है

ना रहो बेफ़िकर सितारों के जहान में
दुश्मनी की सौगात होने वाली है
हर बार कोई साथ मिले जरुरी नहीं
इस बार मुश्किल हालात होने वाली है

नई शुरुवात

अनसुलझे हैं सवाल अब भी बहुत से
बेकाबू ये जज़्बात होने वाली है
चलते हो राह जिनकी मंज़िल नहीं
फर्श पे शोलों की बिसात होने वाली है

प्यादों की चाल से बेवाकिफ़
रानी को घात होने वाली है
बिछ गयी है चाल शतरंज की
इस बार तुम्हारी मात होने वाली है

जीत ही जीत उनके मुक़्क़दर में
ये डाल डाल वो पात पात होने वाली है
आगाज़ और अंजाम अब उनके हाथ
नया दिन नई शुरुवात होने वाली है

३० कदमों के निशान

मैं बहुत दूर चला आया हूँ
आसमान को ज़मीं से मिला आया हूँ

थे दफ़न जहाँ ख्वाब हक़ीक़त वाले
अपना वो आशियाना जला आया हूँ

तेरी यादों का काफिला गुजरता हरकहीं
दिल में तराशी यादों को भुला आया हूँ

आते नहीं हैं लौट के मौसम मदहोशी के
जिनसे होता नशा उन आँखों को सुला आया हूँ

थी गुलशन को चाहत फ़क़त फूलों की
गुलशन में फूल काँटों के खिला आया हूँ

कदमों के निशान

थी ज़रूरत जिंदगी को आब-ए-हयात की
मैं नादान जिंदगी को ज़हर पिला आया हूँ

थी तक़दीर में जो बेपनाह मोहब्बत तुम्हारी
मैं हाथों की उन लकीरों को लुटा आया हूँ

अब नहीं कोई राह उन तक जाने वाली
मैं अपने कदमों के निशान मिटा आया हूँ

मेरी चाहत से बेख़बर मेरा हमसफर

३१ मैं नशे में हूँ

खूब पिलायी ज़ाम साकी ने नज़रों से
मैं नशे में हूँ मैं पीता जा रहा हूँ

दिल में जल उठी है आग शमा की
मैं नशे में हूँ मैं पिघलता जा रहा हूँ

मेरा दिल मुझसे करता है फरेब कई
मैं नशे में हूँ मैं बदलता जा रहा हूँ

टूटे हुए हैं कुछ नए कुछ पुराने ख्वाब
मैं नशे में हूँ मैं बिखरता जा रहा हूँ

चुन ली है एक राह मोहब्बत की
मैं नशे में हूँ मैं बहकता जा रहा हूँ

मैं नशे में हूँ

हो गयी है राह मंज़िल की अब ख़तम
मैं नशे में हूँ मैं चलता जा रहा हूँ

जो गिर जाऊँ तुम ना थामना हाथ मेरा
मैं नशे में हूँ मैं संभलता जा रहा हूँ

हैं कांच के सपने और रंग हक़ीक़त के
मैं नशे में हूँ, मैं जीता जा रहा हूँ

३२ मेरी चाहत से बेखबर मेरा हमसफ़र

साहिल की रेत पर
सपनों का घर था
वक़्त की आंधी न बिखेरे सपने
आती जाती लहरों का डर था

प्रेम की ज्वाला दिल में
और मन में विश्वास प्रखर था
मेरी चाहत से बेखबर
जाने क्यों मेरा हमसफ़र था

फ़िज़ा में महक रही थी खुशबु
जाने मौसम का कैसा असर था
रास्ता मुश्किल मंज़िल दूर
अनजाना सा ये सफर था

मांगी लाखों दुवाएँ तुम्हे पाने की
लगता है सब बेअसर था
कैसे कहूँ की कोई कमी थी
मेरी दुआओं में कोई कसर था

पी गया तेरे हाथों का दिया ज़ाम
जानता था मेरे प्याले में ज़हर था
मेरी चाहत फिर भी कम ना थी
मुझे अब भी प्यारा वो रहगुज़र था

ना थी जमीं ना था कोई आसमान
वहां आता नहीं कोई नज़र था
था बस अब्द सा बहता समंदर
और कश्ती को नहीं कोई बसर था

हर राहों में मैं अकेला
जाने कितनी राहों का मेरा डगर था
उस शाम की फिर ना हुई सुबह
जाने कितना लम्बा वो पहर था

यहां से लौटकर जाना मुमकिन नहीं
बदनसीबों का ये शहर था
मेरी चाहत से बेखबर
मेरा हमसफ़र, मेरा हमसफ़र था

३३ गुजरे वक़्त वापस नहीं आते हैं

दिल की दीवारों में सजाये हज़ारों ख्वाब
खुली आंखों से नज़र नहीं आते हैं

हर आइनों का एक सा मुक़्क़दर
टूट जाने के बाद काम नहीं आते हैं

बिखरी हुई है ख़ामोशी मेरे दामन में
अब वो हमसे मिलने नहीं आते हैं

आते तो हैं सारे मौसम बारी बारी लेकिन
छुट्टियों में वो गर्मियों के दोपहर नहीं आते हैं

सुबह शाम रातभर तनहा ही रहता हूँ
लेकिन ख़ामोशी के वो पहर अब नहीं आते हैं

टुकड़ों में बसर की हमने जिंदगी
मेरी राहों में कामयाबी के सफर नहीं आते हैं

बिखरा है उजाला हर तरफ लेकिन
रास्ते मंज़िलों के नज़र नहीं आते हैं

देता है दस्तक कोई यादों के गलियारे से
अब तुम्हारे आने की आहट नहीं आते हैं

निगहबान फ़िक्र तेरी करते हैं हरदम
चेहरे पे आये ख़ुशी ऐसी खबर नहीं आते हैं

जला लो आख़िरी दिया दुआओं का भी
अब ये हौसले काम नहीं आते हैं

तुम्हे मांग लाता जन्नत से लेकिन
हमे फरिश्तों के हुनर नहीं आते हैं

बदलता रहता है महीने पर महीना
अब मौसम खुशियों के नहीं आते हैं

तुम भूल जाना मुझको मेरे हमसफ़र
गुजरे हुए वक़्त वापस नहीं आते हैं

मेरी चाहत से बेख़बर मेरा हमसफर

३४ आज बारिश का मौसम आया

तेरे शहर की कुछ हवा यहाँ से गुज़री है
मेरे शहर में बारिश का मौसम आया

लिए हाथ में खंज़र वो खड़े अपने चौराहे पे
मेरे शहर में साजिश का मौसम आया

तुम फेंक रहे हो पत्थर और मैं फूल राहों पे
मेरे शहर में नवाज़िश का मौसम आया

है फ़रियाद उनसे जो रहे संगदिल बरसो से
मेरे शहर में गुज़ारिश का मौसम आया

आँखें करने लगीं बातें और दिल तरफ़दारी
मेरे शहर में सिफ़ारिश का मौसम आया

आज बारिश का मौसम आया

आज होगा हिसाब तेरे दिए हर जख्मों का
मेरे शहर में आज़माईश का मौसम आया

बनकर के शोला सर्द रातों को पिघलाते
मेरे शहर में आतिश का मौसम आया

वो आये हैं मुझसे मिलने अपनी वफ़ाएं लेकर
मेरे शहर में दिल कशिश का मौसम आया

मेरी हर बात वो मान जायें हमनफस मेरे
मेरे शहर में फ़रमाइश का मौसम आया

ख्वाइशें अब हक़ीक़त बनने लगी हैं
बड़े दिनों बाद आज बारिश का मौसम आया

मेरी चाहत से बेखबर मेरा हमसफर

३८ बीत गया यह भी साल देखो

उसकी शरबती आँखें
सुर्ख होते गाल देखो
वो हो रहा है धीरे धीरे से मेरा
उसके दिल का हाल देखो

अब ख्वाबों में भी आने लगे हैं
उसकी चाहत का कमाल देखो
भूल नहीं सकता उसको ऐसे
हर घड़ी उसका ख़्याल देखो

दरिया जैसे चले तूफानी
बहकती है मेरी चाल देखो
कब थामेंगे वो हाथ मेरा
उलझे हैं बहुत से सवाल देखो

बीत गया यह भी साल देखो

बिन पीये ही लड़खड़ाने लगा हूँ
हो गया है कैसा बवाल देखो
आँखों की बरसात इन पलकों में
भीगा है मेरा यह रुमाल देखो

तुम्हारी शिकायतें तुम्हारे गिरते अश्क़
मुझसे हो कर दूर तुम भी बेहाल देखो
मिल जाएंगी तुम्हे मांगी सारी दुआएँ
किसी दिन बनाकर तुम्हारा जलाल देखो

चाहत में उसके खुद से बेख़बर
दिल ए नादान की मज़ाल देखो
आज भी कह ना पाए बात दिल की
और बीत गया यह भी साल देखो

मेरी चाहत से बेख़बर मेरा हमसफर

३६ आज कोई क़हर चाहता हूँ

हो खुला आसमान मेरा आशियाना
ऐसा बसर चाहता हूँ
तुम्हारी महक से भरी राहों का
एक सफर चाहता हूँ

कुछ और नहीं बस तसल्ली भरी
एक नज़र चाहता हूँ
मेरी मांगी हर दुआओं का हो
तुम पर असर चाहता हूँ

अरमान बहुत हैं पर जिंदगी का
वो रहगुज़र चाहता हूँ
हर राह में हो साथ तुम्हारा
तू हो मेरा हमसफ़र चाहता हूँ

आज कोई क़हर चाहता हूँ

मिट जाए दाग माहताब के सारे
पूरी हो जाये हर कसर चाहता हूँ
आँखों में छाने लगा रात का नशा
तुम सो जाओ बेफ़िकर चाहता हूँ

खुशियों से वीराना तेरा दिल बहुत
आबाद हो दिल का शहर चाहता हूँ
क़यामत तक रहे सलामत आशियाना
बन जाए यादों की शजर चाहता हूँ

उठती हैं तोहमत महफ़िल में तेरे
हो जाओ सबसे बेख़बर चाहता हूँ
हाथों से लिख देना मेरा मुक़्क़दर
मच जाए आज कोई क़हर चाहता हूँ

३७ दिल लगाने चला हूँ

नादान हूँ मैं तेरी मोहब्बत मिटाने चला हूँ
दिल से तेरी हर तस्वीर जलाने चला हूँ

मुसाफ़िर हूँ मैं सफर में धूप तो होगी
तेरी यादों की पलकों में सर छुपाने चला हूँ

नहीं मोहताज़ मेरी मोहब्बत उसकी रहमत का
बेरुखी का आसमान आज झुकाने चला हूँ

नहीं मंज़ूर मुझे लकीरों का मुक़द्दर
मैं खुद अपनी हस्ती बनाने चला हूँ

वो जल रहा है आफ़ताब अपनी आग में
मैं प्यासा उसकी प्यास बुझाने चला हूँ

दिल लगाने चला हूँ

नहीं मिलती तेरी मोहब्बत तो भी जी लेते
मुझे वफ़ा ने मारा फिर वफ़ा निभाने चला हूँ

सहरा में आज फिर फूल खिलाने चला हूँ
उनसे दूर उलफ़त का जहाँ बसाने चला हूँ

अपनी कश्ती को किनारे लगाने चला हूँ
मैं आज फिर अपना दिल लगाने चला हूँ

मेरी चाहत से बेख़बर मेरा हमसफ़र

३८ सब चल जायेगा

तमन्नाओं को ना दो हवा
दीवाना मचल जाएगा
बुझी लकड़ियों को ना सुलगाओ
ये शहर जल जाएगा

निकलते निकलते मौसम
गम का भी निकल जाएगा
है सजदा बरसों का
दिल खुदा का पिघल जाएगा

तुम जो आओगे दिल के
वीरान सहरा में कभी
हर रंग खिज़ा का
फ़िज़ा में बदल जाएगा

सब चल जायेगा

हो बारिश भी और धूप आये
सतरंगी आसमान बन जायेगा
मेरे फलक तक जाते जाते
आसमान से सूरज ढल जायेगा

वो दे रहे हैं बद्दुआ
नाम लेकर के मेरा
लेकिन संभलते संभलते
दीवाना संभल जाएगा

ना हो कांटे राह में तो
सफर का मज़ा ना होगा
बस तेरा साथ मिल जाये
फिर सब चल जायेगा

मेरी चाहत से बेख़बर मेरा हमसफ़र

३९ ख्वाब संजोए नहीं हैं

गर ना मिले आँखों में आंसू
न समझो कि हम रोए नहीं हैं
आँखों का समंदर हो चुका खाली
ज़माने से हम सोए नहीं हैं

गर ना मिले आँखों में सपने
न समझो कि ख्वाब तेरे संजोए नहीं हैं
न बीता कोई दिन न बीती कोई रात
जब सपनों में तेरे हम खोए नहीं हैं

ना मिले नम जो दामन मेरा
न समझो कि दामन भिंगोएं नहीं हैं
दिल की पुरानी शाखों में मन मेरा
बरसों से बीज नया बोए नहीं हैं

ख्वाब संजोए नहीं हैं

ये मोहब्बत कि राह कंटीली
ना समझो कांटे चुभोए नहीं हैं
आँखों के आँसू बन गए है मोती
इन मोतियों को माला में पिरोए नहीं हैं

ना मिले जो कोई खबर मेरी
न समझो कि कलम खून में डुबोए नहीं हैं
गुज़रा न इंतज़ार तेरा कोई ऐसा
दिल के दाग आंसुओं से धोए नहीं हैं

मेरी चाहत से बेखबर मेरा हमसफर

४० गांव अब शहर बन रहे हैं

ना काजू बादाम पिस्ता था
अपने थे लोग मासूम सा रिश्ता था
बदल रहे हैं लोग ज़हर बन रहे हैं
गांव अब शहर बन रहे हैं

रास्ते घर के कच्चे और टूटे
दिल का रास्ता पक्का होता था
अपने अपनों के लिए कहर बन रहे हैं
गांव अब शहर बन रहे हैं

खूब घनेरी छाँव होती थी
घर घर नीम के पेड़ होते थे
भरी बरसात में लोग दोपहर बन रहे हैं
गांव अब शहर बन रहे हैं

गांव अब शहर बन रहे हैं

सुकून की छत होती थी
टूटी चारपाई में सोते थे
ऊँची इमारत हरकहिं किस कदर बन रहे हैं
गांव अब शहर बन रहे हैं

बांटते थे आंसू जब कोई रोता था
सबका सुख दुःख एक सा होता था
जो थी बहती नदियाँ वो नहर बन रहे हैं
गांव अब शहर बन रहे हैं

कच्ची गलियाँ, कच्चे मकान
राहत भरी जिंदगी, जीना था आसान
वो बेकदर किस कदर बेखबर बन रहे हैं
गांव अब शहर बन रहे हैं

४१ ख्वाब

एक शाम तनहा, एक शाम फुर्सत की
वो मेरे ख्वाबों में आकर मुस्कुराने लगे

देखकर के उसके होठों की सुर्ख लाली
खुद बखुद ही दिल के तार गाने लगे

आँखें झील के प्यालों सी नशीली
देखकर के जिनको नशा सा आने लगे

चेहरा जैसे जन्नत की कोई हूर हो
देखकर चाँद भी जिसे शर्माने लगे

उनकी खुशबु महकते फूलों सी
हवाओं में मदहोशी सी छाने लगे

ख्वाब

मासूम सा उनके आंखों का काजल
तिरछी नज़रें उनकी बिजली गिराने लगे

खोलकर जुल्फ जब वो लहराने लगे
काले बादल बारिश बरसाने लगे

बाहें उनकी जैसे रेशम का हार थी
जैसे कश्ती को दरिया समंदर में बहाने लगे

मखमल की तरह कोमल उनके पाँव थे
वो दिल के दरिया में पाँव चलाने लगे

उनके कदम होश वालों के होश उड़ाने लगे
जब पतली कमर उसकी बलखाने लगे

हाथों में उनके ज़माने भर का जादू
दीवाने मर के जिंदगी पाने लगे

हसींन ख्वाब जब पलकों में पलने लगे
वो दामन छुड़ा के हमसे जाने लगे

उनके अफ़साने हैं जैसे परियों के किस्से
महफ़िल में हर कोई बतलाने लगे

ख़ूबसूरत कातिल उनका अंदाज़ निराला
उनको भूलने में हमको कई ज़माने लगे

हक़ीक़त तो नहीं शायद ये ख्वाब ही था
ऐसे ख़ूबसूरत ख़्वाब हम सजाने लगे

एक शाम तनहा, एक शाम फुर्सत की
वो मेरे ख्वाबों में आकर मुस्कुराने लगे

४२ मेरी तिशनगी का अंजाम

सुना नहीं उनसे मेरे बारे में कभी
उनकी दुआओं में मेरा नाम देख लूँ
चला जाऊंगा दूर कहीं लेकिन
हवाओं का आखरी पैगाम देख लूँ

बंद करके आंखें एक बार
ख्वाबों का वो मुकाम देख लूँ
मोहब्बत के गम मंज़ूर है मुझको
उनकी वो रंजिशे तमाम देख लूँ

मदहोश कर देती है उनकी निगाहें
मैं साकी का इंतज़ाम देख लूँ
कह जाएंगे इस बार बात दिल की
प्याले में कितना है ज़ाम देख लूँ

मेरी चाहत से बेख़बर मेरा हमसफर

चर्चा मेरा बहुत मशहूर है शहर में
मुझपर लिखा तेरा वो कलाम देख लूँ
तबियत नासाज़ सी है कुछ रातों से
फ़िज़ाओं का आख़री सलाम देख लूँ

जरा ठहर ए जिंदगी
उसके शहर की एक शाम देख लूँ
बरसों रही उनकी चाहत
मेरी तिशनगी का अंजाम देख लूँ

४३ मैं सिर्फ तुम्हारा हूँ

जीवंत रंगों से बनी रंगोली
श्याम रंग अति प्यारा हूँ
अनुपम गतिमान जीवन के रंगों में
इंद्रधनुष मैं सिर्फ तुम्हारा हूँ

मैं जलता दिया हूँ रातों का
अजनबियों का सहारा हूँ
सुबह से रात के अंतिम प्रहर तक
सूरज मैं सिर्फ तुम्हारा हूँ

सागर के प्रेम में गिरने को आतुर
मैं नदियों की धारा हूँ
अनंत आती जाती सब ऋतुवों में
सावन मैं सिर्फ तुम्हारा हूँ

तुमसे मिलने की चाहत में
अम्बर तक पाँव पसारा हूँ
इस धरा से क्षितिज के कोने तक
नील गगन मैं सिर्फ तुम्हारा हूँ

मेरी चाहत से बेखबर मेरा हमसफर

सुंदरता की तुम उपमा हो
प्रतिपल मन ही मन निहारा हूँ
मृग तृष्णा से प्रतिबिंबित जगत में
दर्पण मैं सिर्फ तुम्हारा हूँ

नयनों में पाने की आस लगाए
मैं दर दर का मारा हूँ
तुम स्वयं ही आ जाना जीवन में
प्रेम पुष्प मैं सिर्फ तुम्हारा हूँ

भीतर बाहर सर्वत्र दृष्टिपटल तक
रूप रंग से न्यारा हूँ
अंतर्मन की असीमित दृष्टि जहां तक
अलख मैं सिर्फ तुम्हारा हूँ

अपने अंतर मन के द्वन्द में
मैं कई बार हारा हूँ
इस जीवन के अंतिम स्वांस तक
प्रिये मैं सिर्फ तुम्हारा हूँ

४४ जिंदगी गुज़र न जाए

जिंदगी गुज़र रही है
हिंजवडी से वाकड आने जाने में
नहीं फुरसत तुझे ऐ जिंदगी
मिल जाए कुछ वक़्त मुस्कुराने में

हर सुबह कराती एक वादा
मुझको खूबसूरत शाम बनाने में
हर शाम भुला देती मुझको
ये वादे सारे जाने अनजाने में

लगती गुड़िया गुड्डू की तस्वीरें प्यारी
नानी अब भी तेरे खजाने में
हर बार बदलता भीड़ का चेहरा
लूँ आज कौन सी राह घर जाने में

वो भूली बिसरी यादें जो थी बंद किताबों में
जिसका जिक्र होता रहा हर अफ़साने में
हर रोज होती मुलाकात उस अजनबी से
और कभी खुल जाती पुरानी यादें नज़राने में

कुछ बदमिजाज़ सा मौसम का अंदाज़ है
देख ली उसने मेरी तड़प घर जाने में
आज आफ़रीन अब्र दिलशाद हो रहा
बेवजह बेमौसम बारिश बरसाने में

आज फिर रूठे होंगे मुझसे मेरे सनम
जिंदगी कोई तरकीब सुझा उन्हें मनाने में
यूं न कर दें जाया ये वक़्त सारा
कुछ रूठने में, कुछ मनाने में

आज फिर से खाई अब्बू की डाँट
की क्या रखा है ऐसे पैसे कमाने में
ज़िंदा हैं और गुज़र जाती है जिंदगी
ऐसे भी तो हैं लोग इस जमाने में

रूठे हैं कुछ दोस्त भी मुझसे
फुरसत नहीं करें कोशिश उन्हें मनाने में
दिल टूटा हुआ पड़ा है बिस्तर में
बुनकर रख लूँ कुछ ख्वाब सिरहाने में

जब बढ़ जाता है बोझ जिल्लत का
और लग जाती है जिंदगी तुम्हे आजमाने में
सर रखकर सो जाओ अम्मी के आँचल में
पर क्यों जाते हो तुम उस राह उस मयखाने में

गर मिट जाते होते हर ग़म पैमाने में
न होते कोई ग़म कोई तकलीफ़ जमाने में
पी लूँ ज़हर भी सब की खातिर
मिले तरतीब खलिश जिंदगी की सुलझाने में

मैं भी अलख, तू भी अलख
ये तेरी दुनिया है अलख
जला लो कोई शमा कोई अकीदत
आज हर सरफ़रोश दीवाने में

चलो करें खुद से एक वादा
और कोशिश इसे निभाने में
जिंदगी गुज़र न जाए
हिंजवडी से वाकड आने जाने में

४५ कश्ती

ग़म गुलशन में मुस्कुराने लगे हैं
आँखों में बस गया है सहरा
ग़मों से कर ली है दोस्ती
आँखों से अब रोया नहीं जाता

बड़ी मुद्दतों से चल रहे हैं
वो चाहत वो जूनून के साये
हो चली धीरे से गुमनाम यादें सारी
यादों का बोझ अब ढोया नहीं जाता

रही हलचल सीने में हरदम
एक तम्मन्ना एक आस तेरे आने की
बरसों से जल रही है आग आंखों में
नींद आती है लेकिन सोया नहीं जाता

कश्ती

ख्वाबों की अहमियत ने जिन्दा रखा
और रिश्ते निभाए शिद्दत से सारे
कांच से भी नाज़ुक़ रिश्तों को
कुछ ख्वाबों के लिए खोया नहीं जाता

खुशियों से हो रौनक अपना जहाँ
ये चाहत तेरी भी ये चाहत मेरी भी
अगर चाहत हो अंगूर की तो
पेड़ बबूल का बोया नहीं जाता

बिखेर जातें हैं तूफ़ान सपने सारे
लगा दें जिंदगी किसी किनारे अलख
आते जाते तूफानों से डरकर
मझधार में कश्ती डुबोया नहीं जाता

मेरी चाहत से बेखबर मेरा हमसफर

४६ चेहरा तेरा

कुछ बेशर्म सी हवा
आँखों में चलने लगी है
बिना इज़ाज़त ही देख लेते हैं
तसव्वुर में चेहरा तेरा

वो सीने से लगाए बैठा है
बना के तस्वीर तेरी
कुछ बात बन जाए अगर
दिखा दे सबको चेहरा तेरा

वो सबकुछ भुलाकर बैठा था
दोस्तों के मनाने पर
फिर किसी रंजिशे यार ने
दवा देकर दिखा दिया चेहरा तेरा

आँखों में ख़ुशी दिल में तराने
मिल जाए जिसे तेरे नज़राने
भूल जाए तुझको वो शख्स कैसा
जिसने भी देखा चेहरा तेरा

अब ना सुनता है वो किसी की
ना ही कोई उसे नज़र आता है
जिस दिन से तुम्हे देखा तुम्हे चाहा
आँखों में बसा लिया चेहरा तेरा

बात खूबसूरती की चली
सवाल चाँद की बराबरी का था
तेरे जैसा नूर-ऐ -बेदाग़ कोई नहीं
मैंने लिख दिया चेहरा तेरा

४७ किस्सा मेरी बरबादी का

वो मान जायेंगे एक दिन क़यामत से पहले
लेकर बेफ़िकरी आँखों में हम भी मुस्काते रहे

यकीन था वो लौट आएंगे एक दिन शाम तक
उस शाम के इंतज़ार मे दिन बा दिन गंवाते रहे

हम जिंदगी को ख्वाबों सा आसान बनाते रहे
लेकिन हक़ीक़त गम का सबब बनकर आते रहे

सोचा तुम आओगे मेरी गुलशन का रहनुमा बनके
तुम अहमियत अपनी बताते रहे एहसान जताते रहे

कुछ अनमोल, अनजान ख्वाब ख़ुशी दे जाते रहे
यादों के साये आये तो मरहम बन जाते रहे

किस्सा मेरी बरबादी का

वो हर मुलाकात ख़ामोशी के गीत चलाते रहे
मौसम बेरुखी का वो चेहरे पे सजाते रहे

आग लगा देना चिंगारी का चलन हमनफस मेरे
वो आग मैं पानी, जिंदगी भर आग बुझाते रहे

मोम का घर था और वो आग लगाते रहे
जलाकर वो आशियाना अपना सुकून पाते रहे

तेरी नाराजगी मुनासिब थी कहानी मेरी सुनी होती
हर गुज़रते साल महीने कोशिश की तुम्हे मनाते रहे

मौसम खुशियों के यूं ही आते जाते रहे
किस्सा मेरी बरबादी का वो गौर फरमाते रहे

४८ इश्क़

बनकर दिल का चैन मुझको सताता रहा
एक चाँद मेरे आईने में आता रहा

इश्क़ उसका एक समंदर का किनारा
लहरों की तरह दिल हिलोरें खाता रहा

वो है एक नशा वो है एक क़यामत साकी
मैं आँखों में डूबता, रहा वो पिलाता रहा

होश नहीं मुझको की कुछ समझ पाँऊ
बेक़रार नादान दिल को समझाता रहा

तूफानी बरसातों के मौसम में भी
रातभर चिराग उम्मीदों के जलाता रहा

यादों का काफिला चलता चलाता मुझे
देकर के तेरा ख़्वाब आंखों को सुलाता रहा

उसके ही गीत सदा होठों में गाता रहा
साहिल की रेत पर आशियाना बनाता रहा

जल जायेंगे ख्वाब इश्क़ के गर वो ना मिले
और मैं दामन अपना इश्क़ से बचाता रहा

४९ बंद अपनी जुबान रखीं

दिन आ गया है करीब हिसाब का
हो जाए फैसला जिंदगी और सराब का
वो चाहते है की मैं खाली हाथ आऊं
पर खुद हाथों में सजाये कमान रखीं

कश्मकश भरी जिंदगी का सफर
साथ चले भी और हमसफ़र बन ना पाए
मिलकर आया हूँ फिर जिंदगी से
वो मिले भी और नज़रें अनजान रखीं

शाद ऐ दिल तक्कल्लुफ़ देता है
ग़ाफ़िल मांग लेते सनद चाहत की
उनको चाहत भी थी और इंकार भी था
बनाये रूमान जिंदगी का विरान रखीं

कुछ ना बोलकर बहुत कुछ बोल गए
वो जाते जाते रिश्ते सारे तोड़ गए
हो चले हैं उम्रदराज़ अब सारे अफ़साने
जानकर भी छुपाये अपनी पहचान रखीं

तन्हाई का शोर था ख़ामोशी की रात थी
रिमझिम रिमझिम आँखों की बरसात थी
हम ज़रूरत ही रहे चाहत बन ना पाए
हम रोए भी और चेहरे पे मुस्कान रखीं

दिलों में उजाला माहताब ने किया
जब सूरज लेकर आया अँधेरा ही रहा
थे सवाल और शिकायतें बहुत उनको
हमको भी थे पर बंद अपनी जुबान रखीं

५० साहिल की रेत

सारा अम्बर, सारी धरा चाह तेरी
विश्वास तुम्हारा अटल अनिकेत पर

सुदूर आसमान तक एक सेतु बनाना
तुम साहिल की रेत पर

सर्वस्व समर्पण सर्वस्व निछावर
तुम्हारे हर एक संकेत पर

आती जाती लहरों को रोक जाना
तुम साहिल की रेत पर

जब भी स्मरण होगा ह्रदय से
मिल जाऊंगा गृह निकेत पर

श्रद्धा सुमन किसी किनारे लगा जाना
तुम साहिल के रेत पर

साहिल की रेत

स्मृतियों के लिए रखना झूला खाली
एक सुनहरे लचीले बेंत पर

अँधेरा मिटाकर भाग्य का सूरज उगाना
तुम साहिल की रेत पर

बिन तेरे जीवन का अनुराग अधूरा
मेरा सहारा बस तेरे हेत पर

नयनों में मिलन की उम्मीद जगाना
तुम साहिल के रेत पर

मोड़कर के कागज़ का कोना
फ़ेंक देना स्याही पत्र श्वेत पर

हाथों से नाम मेरा लिखना मिटाना
तुम साहिल की रेत पर

www.ingramcontent.com/pod-product-compliance
Lightning Source LLC
LaVergne TN
LVHW041614070526
838199LV00052B/3142